복음교실

문답으로
배우는
핵심 복음

박호석 지음

CREDO BOOKS

복음교실 : 문답으로 배우는 핵심 복음

초판발행 2023년 4월 7일
초판 2쇄 2023년 11월 1일

저   자 박호석
펴 낸 이 크레도북스
표지디자인 부평교회 홍보디자인팀(이다영, 최기훈, 김유영)
내지디자인 공감
출판등록 2020.08.13.
출판주소 경기도 안양시 동안구 달안로 153
부평교회 www.bupyoung.or.kr

ISBN 979-11-971495-2-8 03230

추천사

"넌 왜 사니? 자녀에게 들려주는 로마서"의 저자이신 박호석 목사님이 목회 현장에서 성도들을 직접 가르치며 꼭 필요한 복음의 핵심내용을 하나님, 인간, 그리스도, 믿음이라는 네 가지 큰 주제에 담아 쉽고 간결하게 서술한 신앙 입문서입니다. 성도들을 건강한 교리 위에 확실한 복음의 일꾼으로 세우는 일에 크게 기여하리라 믿습니다.
김윤한 목사_수원영광교회 담임

〈복음 교실〉은 성경이 가르치는 구원의 핵심을 잘 요약하고 있습니다. 여기에 제시된 문답을 잘 따라가면 '구원에 이르는 지혜'를 얻게 될 것이라 확신합니다(딤후 3:15). 새 신자뿐 아니라 기성 신자들도 복음이 담고 있는 은혜와 능력에 다시 한번 감격하게 될 것입니다.
최정기 교수_성서침례대학원대학교 역사,조직신학 교수

●▲■

거의 모든 훌륭한 작품들이 잘 쓰여진 각본에 달려있다 해도 과언이 아닌데, 본서는 우리를 심원한 진리로 단번에 이끌어 주고 제자도의 삶으로 나아가게 합니다. 간략하지만 모호함의 안개를 걷어내 명료하게 하고, 말씀, 믿음, 삶으로 차근히 나아가도록 전통적인 문답 형식(Catechism)을 효과적으로 사용하고 있습니다. 저자는 오늘날 성경 강해로 널리 알려진 달라스 신학교의 성경 신학 박사로 복음 전도 현장의 폭넓은 경험을 가지고 고심 중에 본서를 내놓았습니다. 본서를 통해 성경 전체에 이르는 복음의 핵심 정통 교리를 체계적으로 배울 수 있을 것이며, 복음 전도와 양육에 이르기까지 폭넓게 활용될 수 있을 것입니다.

김우정 목사_전 총신대학교 신학대학원 교수, 조직신학 박사

〈복음교실〉은 저자의 현장 목회의 열매입니다. 교회의 보물인 복음을 신자와 불신자 모두에게 간결하게 전달하기를 원하는 모든 사역자에게 복음 교실을 추천합니다. 너무 간략한 사영리와 너무 긴 정통 요리문답서들 사이에서 고민했던 모든 이들의 필요를 채워줄 것입니다. 질문과 대답의 형식으로 복음을 간결하게 정리하고 핵심 성경구절을 매 답변에 배치한 복음 교실은 전도용 소책자로서 손색이 없습니다. 더불어 신앙생활을 오래 했지만, 구원에 대한 명확한 이해를 원하는 이들을 위한 단기 스터디 교재로도 유익하게 사용될 것입니다. 이 교재를 통해 많은 이들이 하나님의 나라로 초대되는 역사를 기대합니다

권정후 박사_수정비전학교 교장, 전 대신대학교 신학대학원 교수
토론토 대학 교회사 박사, Ph.D.

서문

이 책을 손에 든 당신에게

이 책을 펼쳐 읽기 시작했다면, 틀림없이 그것은 하나님의 섭리입니다. 하나님께서 이끌지 않으시면 아무도 이 책의 주제인 예수님께로 올 수 없기 때문입니다(요한복음 6:44).

이 책은 질문과 답을 통해 복음을 배우기 위한 책입니다. 복음은 하나님께서 예수님을 통해 이루신 구원에 관한 복된 소식입니다. 복음, 즉 십자가의 말씀은 많은 사람들에게 어리석게 들립니다. 그러나 모든 믿는 자에게는 영원한 운명을 바꾸는 하나님의 능력입니다.

"십자가의 말씀이 멸망할 자들에게는 어리석은 것이지만, 구원을 받는 사람인 우리에게는 하나님의 능력입니다"(고린도전서 1:18: 새번역).

하나님이 당신을 얼마나 사랑하시는지, 당신을 얼마나 찾고 계시는지, 그리고 당신을 얼마나 기다리고 계시는지, 이 책에 실린 하나님의 말씀을 믿고 꼭 알게 되기를 간절히 기도합니다

박호석 목사_부평교회 담임(www.bupyoung.or.kr)

| 목 차 |

제1장

하나님

1문 하나님은 누구이십니까?

하나님은 모든 만물을 지으시고 또한 나를 지으신 전능하신 창조주이십니다.

> 창세기 1:1 태초에 하나님이 천지를 창조하시니라

> 시편 139:16 (새번역) 나의 형질이 갖추어지기도 전부터, 주님께서는 나를 보고 계셨으며, 나에게 정하여진 날들이 아직 시작되기도 전에 이미 주님의 책에 다 기록되었습니다

2문 자연 만물에 하나님이 창조주라는 사실이 드러나 있습니까?

그렇습니다. 하나님의 능력과 신성이 자연 만물 가운데 분명히 드러나 있습니다. 위대한 예술 작품이 예술가의 솜씨를 나타내듯이, 자연 만물은 창조주의 영광을 나타냅니다.

> 시편 8:1 여호와 우리 주여 주의 이름이 온 땅에 어찌 그리 아름다운지요 주의 영광이 하늘을 덮었나이다

> 로마서 1:20 창세로부터 그의 보이지 아니하는 것들 곧 그의 영원하신 능력과 신성이 그가 만드신 만물에 분명히 보여 알려졌나니 그러므로 그들이 핑계하지 못할지니라

3문 하나님은 어떤 분이십니까?

하나님은,

(1) 사랑의 하나님이십니다.

> 요한1서 4:16 하나님이 우리를 사랑하시는 사랑을 우리가 알고 믿었노니 하나님은 사랑이시라 사랑 안에 거하는 자는 하나님 안에 거하고 하나님도 그의 안에 거하시느니라

(2) 공의의 하나님이십니다.

> 시편 7:11 하나님은 의로우신 재판장이심이여 매일 분노하시는 하나님이시로다

(3) 하나님은 죄를 용서하시는 사랑의 하나님이시며, 동시에 죄를 반드시 벌하시는 공의의 하나님이십니다.

> 출애굽기 34:6 여호와께서 그의 앞으로 지나시며 선포하시되 여호와라 여호와라 자비롭고 은혜롭고 노하기를 더디하고 인자와 진실이 많은 하나님이라
> 34:7 인자를 천대까지 베풀며 악과 과실과 죄를 용서하리라 그러나 벌을 면제하지는 아니하고 아버지의 악행을 자손 삼사 대까지 보응하리라

제2장

인간

4문 인간의 근본 문제는 무엇입니까?

모든 인간이 하나님을 떠난 죄인이라는 사실입니다.

> 로마서 3:23 모든 사람이 죄를 범하였으매 하나님의
> 영광에 이르지 못하더니

> 예레미야 2:13 (새번역) 참으로 나의 백성이 두 가지 악을
> 저질렀다. 하나는, 생수의 근원인 나를 버린 것이고, 또
> 하나는, 전혀 물이 고이지 않는, 물이 새는 웅덩이를 파
> 서, 그것을 샘으로 삼은 것이다.

5문 죄의 본질은 무엇입니까?

공의로우신 창조주 하나님을 인정하지 않는 모든 생각과 말과
행동이 죄입니다. 죄는 하나님에 대한 반역입니다.

> 로마서 1:21 하나님을 알되 하나님을 영화롭게도 아니하
> 며 감사하지도 아니하고 오히려 그 생각이 허망하여지
> 며 미련한 마음이 어두워졌나니

> 골로새서 1:21 (새번역) 전에 여러분은 악한 일로 하나님을
> 멀리 떠나 있었고, 마음으로 하나님과 원수가 되어
> 있었습니다.

6문 인간의 내면은 어떠합니까?

인간의 내면은 거짓되고 부패했습니다.

> 예레미야 17:9 (새번역) 만물보다 더 거짓되고 아주 썩은 것은 사람의 마음이니, 누가 그 속을 알 수 있습니까?

7문 인간이 죄를 짓는 이유는 무엇입니까?

인간은 죄를 짓기 때문에 죄인이 아니라, 죄인이기 때문에 죄를 짓습니다.

> 요한복음 8:34 예수께서 대답하시되 진실로 진실로 너희에게 이르노니 죄를 범하는 자마다 죄의 종이라

> 로마서 5:12 그러므로 한 사람으로 말미암아 죄가 세상에 들어오고 죄로 말미암아 사망이 들어왔나니 이와 같이 모든 사람이 죄를 지었으므로 사망이 모든 사람에게 이르렀느니라

8문 인간은 하나님 앞에서 어떤 처지입니까?

인간은 존재 자체가 죄인이며, 본질적으로 하나님의 진노와 심판의 대상입니다.

에베소서 2:3 전에는 우리도 다 그 가운데서 우리 육체의 욕심을 따라 지내며 육체와 마음의 원하는 것을 하여 다른 이들과 같이 본질상 진노의 자녀이었더니

9문 인간이 하나님의 법을 다 지킬 수 있습니까?

그럴 수 없습니다. 인간은 하나님의 율법을 결코 다 지킬 수 없습니다. 율법은 오히려 우리 죄의 실상을 드러냅니다.

로마서 3:20 그러므로 율법의 행위로 그의 앞에 의롭다 하심을 얻을 육체가 없나니 율법으로는 죄를 깨달음이 니라

10문 인간은 자신의 죄를 다 책임질 수 있습니까?

그럴 수 없습니다. 인간의 죄는 하나님의 절대적인 거룩을 범하는 것이므로 영원한 형벌을 받아도 모자랍니다.

시편 130:3 여호와여 주께서 죄악을 지켜보실진대 주여 누가 서리이까

마태복음 25:41 또 왼편에 있는 자들에게 이르시되 저주를 받은 자들아 나를 떠나 마귀와 그 사자들을 위하여 예비된 영원한 불에 들어가라

11 문 구약의 동물 제사는 인간의 죄를 다 덮을 수 있습니까?

그럴 수 없습니다. 구약의 동물 제사는 장차 있을 그리스도의 완전하고 영원한 대속의 제사를 가리키는 모형이었습니다.

> 히브리서 10:4 이는 황소와 염소의 피가 능히 죄를 없이 하지 못함이라

12 문 한 인간이 다른 인간의 죗값을 대신 치를 수 있습니까?

그럴 수 없습니다. 인간은 자기 자신의 죗값도 다 치를 수 없습니다.

> 시편 49:7 아무도 자기의 형제를 구원하지 못하며 그를 위한 속전을 하나님께 바치지도 못할 것은
> 49:8 그들의 생명을 속량하는 값이 너무 엄청나서 영원히 마련하지 못할 것임이니라

13 문 인간은 죄에 대하여 개선의 여지가 있습니까?

없습니다. 인간은 죄에 대하여 전적으로 무력하며, 유일한 대안은 거듭나는 것입니다.

> 요한복음 3:3 예수께서 대답하여 이르시되 진실로 진실로 네게 이르노니 사람이 거듭나지 아니하면 하나님의 나라를 볼 수 없느니라

제3장

그리스도

14문 하나님과 사람 사이에 왜 중재자가 필요합니까?

사람이 죄와 반역으로 하나님의 원수가 되었기 때문입니다. 하나님과 사람 사이에 화평을 이룰 수 있는 중재자, 즉 중보자는 오직 사람이 되신 하나님의 아들 예수 그리스도밖에 없습니다.

> 디모데전서 2:5 하나님은 한 분이시요 또 하나님과 사람 사이에 중보자도 한 분이시니 곧 사람이신 그리스도 예수라

> 요한복음 14:6 예수께서 이르시되 내가 곧 길이요 진리요 생명이니 나로 말미암지 않고는 아버지께로 올 자가 없느니라

15문 우리에게 필요한 중보자는 어떤 분입니까?

인간의 죄를 대신해야 하므로 참 인간이어야 하고, 동시에 하나님의 절대적 공의를 만족시킬 수 있어야 하므로 참 하나님이어야 합니다. 참 하나님이시며 참 인간이신 분은 사람이 되신 하나님의 아들 예수 그리스도밖에 없습니다.

> 마태복음 1:23 보라 처녀가 잉태하여 아들을 낳을 것이요 그의 이름은 임마누엘이라 하리라 하셨으니 이를 번역한즉 하나님이 우리와 함께 계시다 함이라

> 히브리서 2:14 자녀들은 혈과 육에 속하였으매 그도 또한 같은 모양으로 혈과 육을 함께 지니심은 죽음을 통하여 죽음의 세력을 잡은 자 곧 마귀를 멸하시며

16문 예수님이 어떤 분인지 가장 잘 요약하고 있는 신앙 고백은 무엇입니까?

사도신경입니다. 사도신경에서 가장 강조된 부분은 예수 그리스도에 대한 내용입니다.

> 전능하사 천지를 만드신 하나님 아버지를 내가 믿사오며,
> 그 외아들 우리 주 예수 그리스도를 믿사오니,
> 이는 성령으로 잉태하사 동정녀 마리아에게 나시고,
> '본디오 빌라도'에게 고난을 받으사,
> 십자가에 못박혀 죽으시고,
> 장사한 지 사흘 만에 죽은 자 가운데서 다시 살아나시며
> 하늘에 오르사, 전능하신 하나님 우편에 앉아 계시다가,
> 저리로서 산 자와 죽은 자를 심판하러 오시리라.
> 성령을 믿사오며,
> 거룩한 공회와, 성도가 서로 교통하는 것과,
> 죄를 사하여 주시는 것과, 몸이 다시 사는 것과,
> 영원히 사는 것을 믿사옵나이다. 아멘.

17문 예수님이 이 세상에 오신 목적은 무엇입니까?

우리 대신 십자가를 지기 위해 오셨습니다.

> 마가복음 10:45 인자가 온 것은 섬김을 받으려 함이 아니라 도리어 섬기려 하고 자기 목숨을 많은 사람의 대속물로 주려 함이니라

18 문 예수님이 십자가에서 감당하신 것은 무엇입니까?

예수님은 십자가에서 우리의 모든 고통과 슬픔, 특별히 우리의 모든 죄악을 감당하셨습니다.

> 이사야 53:4 (새번역) 그는 실로 우리가 받아야 할 고통을 대신 받고, 우리가 겪어야 할 슬픔을 대신 겪었다. 그러나 우리는, 그가 징벌을 받아서 하나님에게 맞으며, 고난을 받는다고 생각하였다.
> 53:5 그러나 그가 찔린 것은 우리의 허물 때문이고, 그가 상처를 받은 것은 우리의 악함 때문이다. 그가 징계를 받음으로써 우리가 평화를 누리고, 그가 매를 맞음으로써 우리의 병이 나았다.
> 53:6 우리는 모두 양처럼 길을 잃고, 각기 제 갈 길로 흩어졌으나, 주님께서 우리 모두의 죄악을 그에게 지우셨다.

19 문 예수님이 십자가에서 저주를 받으신 이유는 무엇입니까?

예수님은 십자가에서 우리의 죄 때문에 우리가 받아야 할 저주를 대신 받으셨습니다.

> 갈라디아서 3:13 그리스도께서 우리를 위하여 저주를 받은 바 되사 율법의 저주에서 우리를 속량하셨으니 기록된 바 나무에 달린 자마다 저주 아래에 있는 자라 하였음이라

20 문 예수님이 십자가에서 형벌을 받으신 이유는 무엇입니까?

예수님은 십자가에서 우리의 죄 때문에 우리가 받아야 할 형벌을 대신 받으셨습니다.

> 베드로전서 2:24 친히 나무에 달려 그 몸으로 우리 죄를 담당하셨으니 이는 우리로 죄에 대하여 죽고 의에 대하여 살게 하려 하심이라 그가 채찍에 맞음으로 너희는 나음을 얻었나니

21 문 죄가 없으신 예수님이 십자가에서 우리의 죄를 감당하신 이유는 무엇입니까?

불의한 우리가 하나님께 죄사함을 받고 의롭다 함을 얻게 하기 위함입니다.

> 고린도후서 5:21 하나님이 죄를 알지도 못하신 이를 우리를 대신하여 죄로 삼으신 것은 우리로 하여금 그 안에서 하나님의 의가 되게 하려 하심이라

> 에베소서 1:7 우리는 그리스도 안에서 그의 은혜의 풍성함을 따라 그의 피로 말미암아 속량 곧 죄사함을 받았느니라

22 문 하나님께서 독생자 예수님을 십자가에서 죽도록 내어 주신 이유가 무엇입니까?

우리를 사랑하시기 때문입니다.

> 요한1서 4:10 사랑은 여기 있으니 우리가 하나님을 사랑한 것이 아니요 하나님이 우리를 사랑하사 우리 죄를 속하기 위하여 화목제물로 그 아들을 보내셨음이라

23 문 예수님이 십자가 보혈로써 이루신 구원은 완전하고 영원합니까?

그렇습니다. 예수님은 십자가의 보혈로써 완전한 죄사함과 영원한 구원을 이루셨습니다.

> 히브리서 9:12 (새번역) 단 한 번에 지성소에 들어가셨습니다. 그는 염소나 송아지의 피로써가 아니라, 자기의 피로써, 우리에게 영원한 구원을 이루셨습니다.

> 히브리서 10:18 (새번역) 죄와 불법이 용서되었으니, 죄를 사하는 제사가 더 이상 필요 없습니다.

> 요한복음 19:30 예수께서 신 포도주를 받으신 후에 이르시되 다 이루었다 하시고 머리를 숙이니 영혼이 떠나가시니라

24문 예수님이 십자가에서 이루신 구원이 완전하고 영원한 효력을 가진다는 증거는 무엇입니까?

예수님의 부활입니다. 하나님은 예수님을 죽은 자 가운데서 다시 살리심으로써 십자가의 완전하고 영원한 효력을 증명하셨고, 예수님이 하나님의 아들이심을 나타내셨습니다.

> 로마서 4:25 예수는 우리가 범죄한 것 때문에 내줌이 되고 또한 우리를 의롭다 하시기 위하여 살아나셨느니라

> 로마서 1:4 (새번역) 성령으로는 죽은 사람들 가운데서 부활하심으로 나타내신 권능으로 하나님의 아들로 확정되신 분이십니다. 그는 곧 우리 주 예수 그리스도이십니다.

25문 부활하신 예수님은 지금 어디에 계십니까?

전능하신 하나님 우편에 앉아 계시며, 우리를 위해 기도하시며, 우리와 함께 하시며, 죄인들을 부르고 계십니다. 복음은 사람이 전하지만, 그 복음을 통해 죄인을 부르시는 분은 살아계신 예수 그리스도이십니다.

> 로마서 8:34 누가 정죄하리요 죽으실 뿐 아니라 다시 살아나신 이는 그리스도 예수시니 그는 하나님 우편에 계신 자요 우리를 위하여 간구하시는 자시니라

마태복음 28:20 내가 너희에게 분부한 모든 것을 가르쳐 지키게 하라 볼지어다 내가 세상 끝날까지 너희와 항상 함께 있으리라 하시니라

마태복음 11:28 수고하고 무거운 짐 진 자들아 다 내게로 오라 내가 너희를 쉬게 하리라
11:29 나는 마음이 온유하고 겸손하니 나의 멍에를 메고 내게 배우라 그리하면 너희 마음이 쉼을 얻으리니
11:30 이는 내 멍에는 쉽고 내 짐은 가벼움이라 하시니라

제4장

믿음

26 문 인간이 죄와 사망에서 구원받는 유일한 방법은 무엇입니까?

하나님께서 예수 그리스도를 통해 이루신 구원에 관한 복된 소식, 즉 복음을 믿는 것입니다.

로마서 1:17 복음에는 하나님의 의가 나타나서 믿음으로 믿음에 이르게 하나니 기록된 바 오직 의인은 믿음으로 말미암아 살리라 함과 같으니라

27 문 왜 오직 믿음으로만 구원받습니까?

구원은 전적으로 하나님의 은혜의 역사이며, 인간이 할 수 있는 일은 아무것도 없기 때문입니다.

로마서 3:27 (새번역) 그렇다면 사람이 자랑할 것이 어디에 있습니까? 전혀 없습니다. 무슨 법으로 의롭게 됩니까? 행위의 법으로 됩니까? 아닙니다. 믿음의 법으로 됩니다.

28 문 구원은 하나님의 선물입니까?

그렇습니다. 구원은 하나님께서 은혜로 베푸시는 선물이며, 인간은 오직 믿음으로 구원받습니다.

에베소서 2:8 너희는 그 은혜에 의하여 믿음으로 말미암아 구원을 받았으니 이것은 너희에게서 난 것이 아니요 하나님의 선물이라

29 문 무엇을 믿어야 구원받습니까?

복음을 믿을 때, 즉 십자가에서 우리 죄를 대신하여 죽으시고 삼일만에 부활하신 하나님의 독생자 우리 주 예수 그리스도를 유일한 구원자와 주님으로 믿을 때 구원받습니다.

로마서 10:9 네가 만일 네 입으로 예수를 주로 시인하며 또 하나님께서 그를 죽은 자 가운데서 살리신 것을 네 마음에 믿으면 구원을 받으리라

30 문 구원받는 참된 믿음은 어떤 믿음입니까?

구원받는 믿음은, 단순한 지적 동의가 아니라, 예수 그리스도에 대한 인격적 신뢰이며, 하나님께로 돌이키는 회개가 동반되며, 사랑으로 역사하는 행함이 있는 믿음입니다.

요한복음 15:5 나는 포도나무요 너희는 가지라 그가 내 안에, 내가 그 안에 거하면 사람이 열매를 많이 맺나니 나를 떠나서는 너희가 아무 것도 할 수 없음이라

누가복음 5:32 내가 의인을 부르러 온 것이 아니요 죄인을 불러 회개시키러 왔노라

갈라디아서 5:6 그리스도 예수 안에서는 할례나 무할례나 효력이 없으되 사랑으로써 역사하는 믿음뿐이니라

31 문 회개란 무엇입니까?

회개란 죄를 버리고 하나님께로 돌이키는 것입니다. 예수님을 믿는 믿음은 하나님께로 돌이키는 믿음입니다. 믿음과 회개는 동전의 양면과 같으며, 동시에 일어납니다.

> 마가복음 1:15 이르시되 때가 찼고 하나님의 나라가 가까이 왔으니 회개하고 복음을 믿으라 하시더라

> 누가복음 15:17 (새번역) 그제서야 그는 제정신이 들어서, 이렇게 말하였다. '내 아버지의 그 많은 품꾼들에게는 먹을 것이 남아도는데, 나는 여기서 굶어 죽는구나.
> 15:18 내가 일어나 아버지에게 돌아가서, 이렇게 말씀드려야 하겠다. 아버지, 내가 하늘과 아버지 앞에 죄를 지었습니다.
> 15:19 나는 더 이상 아버지의 아들이라고 불릴 자격이 없으니, 나를 품꾼의 하나로 삼아 주십시오.'

> 사도행전 11:21 주의 손이 그들과 함께 하시매 수많은 사람들이 믿고 주께 돌아오더라

32 문 우리가 복음을 믿을 때 우리에게 일어나는 일은 무엇입니까?

우리가 복음을 믿을 때,

(1) 우리의 모든 죄가 용서됩니다.

사도행전 10:43 (새번역) 이 예수를 두고 모든 예언자가 증언하기를, 그를 믿는 사람은 누구든지 그의 이름으로 죄 사함을 받는다고 하였습니다.

(2) 칭의, 즉 의롭다 하심을 얻게 됩니다.

로마서 4:5 일을 아니할지라도 경건하지 아니한 자를 의롭다 하시는 이를 믿는 자에게는 그의 믿음을 의로 여기시나니

(3) 하나님의 자녀가 됩니다.

요한복음 1:12 영접하는 자 곧 그 이름을 믿는 자들에게는 하나님의 자녀가 되는 권세를 주셨으니

(4) 예수님과 연합됩니다.

에베소서 2:5 허물로 죽은 우리를 그리스도와 함께 살리셨고 (너희는 은혜로 구원을 받은 것이라) 2:6 또 함께 일으키사 그리스도 예수 안에서 함께 하늘에 앉히시니

(5) 성령님이 거하시는 성전이 됩니다.

> 에베소서 1:13 그 안에서 너희도 진리의 말씀 곧 너희의 구원의 복음을 듣고 그 안에서 또한 믿어 약속의 성령으로 인치심을 받았으니

> 고린도전서 3:16 너희는 너희가 하나님의 성전인 것과 하나님의 성령이 너희 안에 계시는 것을 알지 못하느냐

(6) 영생을 얻게 됩니다.

> 요한복음 3:16 하나님이 세상을 이처럼 사랑하사 독생자를 주셨으니 이는 그를 믿는 자마다 멸망하지 않고 영생을 얻게 하려 하심이라

33문 영생은 언제 시작됩니까?

예수님을 영접하는 순간 영생은 시작됩니다. 영생의 핵심은 하나님과의 사귐입니다.

> 요한복음 5:24 내가 진실로 진실로 너희에게 이르노니 내 말을 듣고 또 나 보내신 이를 믿는 자는 영생을 얻었고 심판에 이르지 아니하나니 사망에서 생명으로 옮겼느니라

> 요한복음 17:3 영생은 곧 유일하신 참 하나님과 그가 보내신 자 예수 그리스도를 아는 것이니이다

34문 구원의 확신은 가능합니까?

그렇습니다. 구원의 확신을 갖는 것은 하나님의 뜻입니다.

> 요한1서 5:13 내가 하나님의 아들의 이름을 믿는 너희에게 이것을 쓰는 것은 너희로 하여금 너희에게 영생이 있음을 알게 하려 함이라

35문 한번 얻은 구원을 잃어버릴 수도 있습니까?

절대 그럴 수 없습니다. 예수님을 믿고 하나님의 자녀가 된 우리들을 하나님의 손에서 빼앗을 수 있는 존재는 없습니다.

> 요한복음 10:28 내가 그들에게 영생을 주노니 영원히 멸망하지 아니할 것이요 또 그들을 내 손에서 빼앗을 자가 없느니라
> 10:29 그들을 주신 내 아버지는 만물보다 크시매 아무도 아버지 손에서 빼앗을 수 없느니라

36문 믿음을 고백해야 합니까?

그렇습니다. 참된 믿음에는 진실된 고백이 따릅니다.

> 로마서 10:9 네가 만일 네 입으로 예수를 주로 시인하며 또 하나님께서 그를 죽은 자 가운데서 살리신 것을 네 마음에 믿으면 구원을 받으리라

10:10 사람이 마음으로 믿어 의에 이르고 입으로 시인하여 구원에 이르느니라

37문 누가 예수님의 제자입니까?

예수 믿는 모든 사람입니다. 예수님은 우리 모두를 제자로 부르셨습니다.

마가복음 1:17 예수께서 이르시되 나를 따라오라 내가 너희로 사람을 낚는 어부가 되게 하리라 하시니

누가복음 9:23 또 무리에게 이르시되 아무든지 나를 따라오려거든 자기를 부인하고 날마다 제 십자가를 지고 나를 따를 것이니라

38문 예수님의 제자는 어떤 사람입니까?

예수님의 제자는,

(1) 예수님을 사랑합니다.

베드로전서 1:8 예수를 너희가 보지 못하였으나 사랑하는도다 이제도 보지 못하나 믿고 말할 수 없는 영광스러운 즐거움으로 기뻐하니

(2) 예수님을 알아갑니다.

베드로후서 3:18 오직 우리 주 곧 구주 예수 그리스도의 은혜와 그를 아는 지식에서 자라 가라 영광이 이제와 영원한 날까지 그에게 있을지어다

(3) 예수님을 닮아갑니다.

로마서 8:29 하나님이 미리 아신 자들을 또한 그 아들의 형상을 본받게 하기 위하여 미리 정하셨으니 이는 그로 많은 형제 중에서 맏아들이 되게 하려 하심이니라

(4) 교회를 사랑합니다.

에베소서 1:23 교회는 그의 몸이니 만물 안에서 만물을 충만하게 하시는 이의 충만함이니라

고린도전서 12:27 너희는 그리스도의 몸이요 지체의 각 부분이라

(5) 예수님의 증인입니다.

사도행전 1:8 오직 성령이 너희에게 임하시면 너희가 권능을 받고 예루살렘과 온 유대와 사마리아와 땅 끝까지 이르러 내 증인이 되리라 하시니라

참고 도서

하이델베르크 요리문답, 성약 출판사, 2004.

자카리아스 우르시누스, 하이델베르크 요리문답 해설, 크리스천 다이제스트, 2006.

그렉 길버트, 복음이란 무엇인가, 부흥과 개혁사, 2010.

이정규, 새가족반, 복 있는 사람, 2018.

김영봉, 나는 왜 믿는가, 복 있는 사람, 2019.